Lebensbilder

Die Verschleppung Jugendlicher aus Ostpreußen zum Kriegsende 1945

Erinnerungen eines Zeitzeugen

Sarah Schmidt

1

Herstellung und Verlag:
BoD - Books on Demand, Norderstedt
ISBN 9783734764196

MIX
Papier aus verantwortungsvollen Quellen
Paper from responsible sources
FSC® C105338

Inhaltsverzeichnis

1. Kriegsgefangene – die vergessenen Opfer

Das grausame Schicksal der Verschleppung tausender Menschen nachzuvollziehen und in der schriftlichen Wiedergabe ihren Erlebnissen dabei gerecht zu werden ist eine schwierige Aufgabe.[1] Die Qualen, die Gefangene in den Tagen des Zweiten Weltkriegs und auch danach durchgemacht haben, können nur schwer in Worte gefasst werden. Der Wortschatz keiner Sprache reicht aus um das wirklich wiederzugeben, was so viele Menschen um ihre Jugend oder ihr Leben gebracht hat. Ist das ein Grund, dieses dunkle Kapitel von schlimmsten Menschenrechtsverletzungen einfach auszulassen?

Die Verschleppung ist ein Thema, das in der Geschichtsschreibung wenig aufgearbeitet wurde. Obwohl der Zweite Weltkrieg in allen Medien, in Büchern sowie im Fernsehen und auch im Internet und der Zeitung durchgehend präsent zu sein scheint, decken die Dokumentationen und Berichte nur einen schmalen Grad der Geschehnisse des Krieges ab. Judenverfolgung und Rassismus, Nazipropaganda oder die Kriegsstrategien der Politiker sind weitgehend bekannt. Aber was ist mit den Kriegsgefangenen, die in den Ländern der Siegermächte teilweise jahrelang unter den schwersten Lebensumständen arbeiten mussten oder dort ihren Tod fanden? Ja, bekannt ist schon, dass es sie gab, die Kriegsgefangenen. Irgendwo, in Frankreich oder Russland. Aber sehr viel Genaueres konnten die Historiker bis heute kaum oder nur unvollkommen dokumentieren. Nur wenige beschäftigten sich mit der Aufgabe, Informationen über das Schicksal der Deportierten, wie die Verschleppten noch genannt werden, zu beschaffen. Denn es ist eine Aufgabe, die nur schwer zu bewältigen ist, da erst in den 90er Jahren eine partielle Öffnung der osteuropäischen Archive erfolgte. Dabei ist

---

[1] Zum Folgenden vgl. Valerij Vartanov, Kriegsgefangenschaft in der Sowjetunion, in: Günter Bischof/Stefan Karner/Barbara Stelzl.Marx (Hrsg.), Kriegsgefangene des Zweiten Weltkriegs, Gefangennahme-Lagerleben-Rückkehr, Wien 2005, Oldenbourg Verlag, S. 89/90

zu beachten, dass es staatliche- und Militärarchive gab, man also bei der Forschung zwischen nichtverurteilten und verurteilten Gefangenen, zwischen Zivilbevölkerung und Militär unterscheiden muss. Gut behütetes Archivmaterial muss dabei ausfindig gemacht werden, das oft so lückenhaft ist, dass kaum genaue Angaben gemacht werden könne. Genaue Zahlen und Daten sind eine Seltenheit und selbst wenn sie vorhanden sind, ist es schwer zu beurteilen, ob diese der Wahrheit entsprechen, gefälscht oder ungenau dokumentiert wurden. Eine wichtige Quelle sind dabei Zeitzeugen, die den Krieg und die Gefangenschaft überlebt haben und oft erst heute, Jahrzehnte nach dem Ende des Zweiten Weltkriegs, darüber reden. Durch ihre Berichte können gewisse Lücken in der Geschichtsforschung gefüllt werden.

Auch bei dieser Arbeit über die Verschleppung von Jugendlichen bildeten Zeitzeugenberichte besonders in den Bereichen der Gefangennahme, des Transportes und der Gefangenschaft die Grundlage für den Text. Spezielle Informationen über den Unterschied der Behandlung von Jugendlichen zu den Erwachsenen konnten dabei jedoch kaum ausfindig gemacht werden. Diese konnte man hauptsächlich durch Schlussfolgerungen erlangen, die durch Beobachtungen der Zeitzeugen bestätigt werden. Doch ist dabei vor allem zu beachten, nicht in die schriftliche Darlegung mit einfließen zu lassen, was man von den Zeitzeugen hören möchte, sondern sachlich und objektiv ihre Berichte auszuwerten; auch wenn es nicht immer einfach ist, diese Sachlichkeit und Objektivität angesichts der Grausamkeiten der Kriegsgefangenschaft beizubehalten.

2. Die Verschleppung von Jugendlichen aus Ostpreußen unter Berücksichtigung eines Einzelschicksals

2.1 Die Verschleppung kurz vor Kriegsende 1945

Abbildung 1: **Die ostpreußische Flagge**

***Abbildung 2*:** **Ostpreußen im Jahr 1937**

2.1.1 Wirtschaftliche und soziale Situation von Jugendlichen in Ostpreußen vor und während des Zweiten Weltkriegs

Gern erinnern sich die ehemaligen Bewohner Ostpreußens ihrer alten Heimat kurz vor Ausbruch des Zweiten Weltkrieges.[2] Sie bot genug Freiraum und Schönheit, um die Kindheit voll ausschöpfen zu können. Man wohnte gerne dort und das nicht nur aufgrund der bestaunenswerten Gegend. Ostpreußen war auf dem Weg zu seinem wirtschaftlichen Höhepunkt und lockte mit genügend Arbeitsplätzen und sicheren Bildungschancen. Die Hauptstadt Königsberg war Europas größter Umschlaghafen für Holz und auch die vielen landwirtschaftlichen Erzeugnisse wurden durch die Konservenindustrie gefördert, die seit 1933 erstaunlich viele neue Betriebe zu verzeichnen hatte. Durch den wirtschaftlichen Erfolg konnten die Familien ihren Kindern eine angemessene Bildung ermöglichen. Dazu war Ostpreußen und vor allem seine Hauptstadt mit seinen Universitäten und etwa vierzig studentischen Verbindungen wie geschaffen. Die vielen Schulen konnten alle stolz auf ihre schon lange Geschichte zurückblicken. Sie brachten schon berühmte Persönlichkeiten wie E.T.A. Hoffman, Hamann, Corinth, und Th. Gottl. v. Hippel und vor allem den berühmten Philosophen Immanuel Kant hervor; stattliche Namen, die die Aussicht auf eigene Erfolge aufblühen ließ. In ihren bunten Schnürröcken, weißen Stulpenhandschuhen und engen weißen Kleidern, wie es die Studenten bei vaterländischen oder akademischen Feiern trugen, sahen sie auf eine Zukunft, die nach Wohlstand und Ordnung aussah, nach Sicherheit und einem Leben voll Hoffnung und Entwicklung. Und die am Ende doch ganz anders kam als sie es eigentlich werden sollte.

---

[2] Zum Folgenden vgl. Werner Buxa, Wir Ostpreußen Zuhaus, Friedberg 1972, Podzun-Pallas-Verlag

In den 30-er Jahren waren zunehmend Junglehrer „aus dem Reich“, wie man zu sagen pflegte, an die Dorf- und Volksschulen geschickt worden, nationalsozialistische Direktoren bildeten jetzt die Spitze der ausführenden Bildungsgewalt. Die einstmals breit gefächerte Zukunft wurde nach und nach zerstört, propagandistische Einflüsse schon auf die ganz Kleinen ausgeübt, auf Unschuldige, die sich nicht zu wehren wissen. Von wem sollten sie es gelernt haben? Die Jugendzeit ist die Zeit der Orientierung, hier wird man geprägt und dem Leben wird ein Ziel gegeben, Vorbild sind die Väter, Lehrer und Rektoren. Und das wurde auf schändliche Art und Weise mit Kriegspropaganda ausgenutzt. *„Mein Rektor war ein richtiger Nazi“*[3]. Ein Rektor, ein Vorbild, ein Nationalsozialist. Das Geschichtsbild im Unterricht war hauptsächlich nationalistisch geprägt. Die Lehrer wurden kontrolliert um zu verhindern, dass den Schülern kein antinationalistisches Gedankengut beigebracht wurde. Informationen über den Krieg, seine Grausamkeiten oder die versteckten Machenschaften der Propagandisten gelangten so kaum zu den Jugendlichen. Oftmals wurden sie von nationalsozialistischen Beauftragten ausgehorcht, um systemfeindliche Beamte ausfindig zu machen und dann zu verhaften. In ihrer Naivität verrieten sie dabei manchmal wichtige Informationen ohne es zu wissen oder gar zu wollen.

***Abbildung 3*: Propagandaplakat für den Eintritt in die Hitlerjugend um 1939**

1937 trat das Jugenddienstpflichtgesetz in Kraft, was für die Meisten den Eintritt in Vereine wie das *Jungvolk* oder den *Bund Deutscher*

[3] Zitat des Zeitzeugen Gerhard Schirrmacher

Mädels bedeutete. Hier wurde ihnen zusätzlich nationalistisches Gedankengut eingeprägt, jedoch spielerisch verpackt in spannende Geschichten zum Vorlesen. So bekamen sie die Manipulation gar nicht mit, es machte ihnen sogar Spaß. Doch der Beitritt war nicht freiwillig und mit Kriegsbeginn mussten viele von ihnen an die Front. Vor allem gegen Ende des Krieges wurden besonders Kinder und Jugendliche zu Hitlers letztem, verzweifeltem Angriff gegen die Russen eingezogen. Wer dablieb, wurde trotzdem im Verein ständig beschäftigt um nicht auf antinationalistische Gedanken zu kommen. Nach und nach setzte jedoch bei einigen Jugendlichen eine Bewusstseinsänderung dem Krieg gegenüber ein, die sie aber in starke Konflikte zwischen ihrem angelernten Gewissen, dem Vaterland dienen zu müssen, und der Unterdrückung durch das Regime stürzte.[4]

2.1.2 Kriegsschauplatz Osten 1944/1945

> *„Der Russe zerrte es [ein junges Mädchen] an den Haaren vom Wagen und warf es in den Straßengraben. Ihren Widerstand brachen die Russen mit Fußtritten. Allen Leuten männlichen Geschlechts drückten sie die Läufe der MPs in den Rücken – auch mir als Zehnjährigen – und nacheinander vergewaltigten sie das bedauernswerte Wesen. Wir alle mussten dabei zusehen.“*[5]

---

[4] Vgl. Rolf Schörken, Jugend 1945. Politisches Denken und Lebensgeschichte, Frankfurt am Main 1994, Fischer Taschenbuch Verlag GMBH, S. 56 - 82

[5] Karl Beutner aus Schlesien in: Hans Lemberg/K. Erik Franzen, Die Vertriebenen. Hitlers letzte Opfer, Berlin/München 2001, Propyläen Verlag S. 88

Auf einer Länge von 300 Kilometer[6] marschierten die sowjetischen Truppen am 22. Juni 1944[7] in Richtung Osten und besetzten an den Grenzen des deutschen Reiches Bulgarien, Rumänien und weite Teile Ungarns[8]. In 14 Tagen starben 350.000 Mann, die Lage für das deutsche Reich war aussichtslos vor allem auch durch den seit Juni bedrohenden Aufmarsch der westlichen Alliierten in der Normandie; aber Hitler dachte nicht an Aufgeben und erklärte den *„totalen Krieg"*. Die Soldaten wurden zu sinnlosen Kämpfen getrieben, es gab Hunderttausende Opfer. Der Gedanke an Vergeltung für die ebenso *„mordenden und vergewaltigenden Hitlerhorden"*[9] beim Blitzkrieg 1941 der deutschen Armee in der Sowjetunion veranlasste die russischen Soldaten zu grausamen Überfällen auf Deutsche. Obwohl von der obersten Führung der Sowjetunion der eindeutige Befehl kam, keine Gewalttaten an der Zivilbevölkerung zu verüben, verloren die Soldaten durch Kriegspropaganda und das persönliche Leid von 1941 an Wertmaßstäben. Es kam zu grausamen Morden und Vergewaltigungen an hilflosen Frauen und Kindern.

***Abbildung 4:* Unschuldige Kinder wurden von den Soldaten der Roten Armee ermordet**

> *„ Vor unseren Panzern hat ein Soldat eine deutsche Frau und ihren Säugling erschossen, weil sie sich weigerte, ihm zu Willen zu sein. Es ist fürchterlich. Aber die Deutschen haben bei uns massenhaft noch viel Schlimmeres*

---

[6] Vgl. Hans Lemberg/K. Erik Franzen, Die Vertriebenen. Hitlers letzte Opfer S. 70 ff

[7] Vgl. Fabian Grossekemper, Der Verlauf des Zweiten Weltkriegs. Das Kriegsjahr 1944, URL: http://www.shoa.de/zweiter-weltkrieg/verlauf-und-zusammenhaenge.htm (Zugriff vom 30.12.08)

[8] Vgl. Abbildung 14 im Anhang

[9] Josef Stalin in: Erik Franzen, Die Vertriebenen. Hitlers letzte Opfer S. 84

verbrochen ... Ja, Deutschland wird mit gleicher Münze heimgezahlt“[10]

Seit Ende Herbst 1944 brachen die russischen Truppen mit all ihrer Brutalität in Ostpreußen ein[11]. In den Nächten vom 26. auf 27. August und vom 29. auf 30. August erreichten Bombenangriffe der britischen *Royal Air Force* die ostpreußische Hauptstadt. Königsberg brannte nieder. Der Gedanke an Flucht wurde immer bedeutender, doch die Regierung versuchte dagegen anzukommen. Wer flüchtete wurde zu einem „Feigling und Fahnenflüchtigen“ erklärt, manche sogar ermordet. Ende des Jahres 1944 gab es nur noch 250.000 Menschen in Königsberg, das war ein Drittel weniger als im Jahr 1939 zu Beginn des Krieges. In der Januaroffensive 1945 konnte die deutsche Verteidigung schließlich ohne große Anstrengung überwunden werden, Königsberg wurde von den russischen Truppen weiträumig eingekreist, die Eisenbahnlinie in das Reich unterbrochen. Ostpreußen war von jeglicher Hilfe abgeschnitten. Die Stadt wurde sechs Wochen lang belagert, Bombenangriffe machten die noch letzten stehenden Gebäude dem Erdboden gleich. *„Die örtliche Propaganda nutzte die Mauerreste als Plakatwände für Durchhalteparolen: `Mauern Brechen, unsere Herzen nicht´“*[12]. Ein letztes Mal konnte unter Mobilisierung aller Kräfte, die vor allem die Hitlerjugend beanspruchte, eine

Abbildung 5: **Der Dom in Königsberg nach den Angriffen der britischen *Royal Air Force* 1944**

[10] aus dem Tagebuch eines russischen Offiziers in: Hans Lemberg/K. Erik Franzen, Die Vertriebenen. Hitlers letzte Opfer S. 87

[11] zum Folgenden vgl. Hans Lemberg/K. Erik Franzen, Die Vertriebenen. Hitlers letzte Opfer S. 70 ff

[12] Vgl. Hans Lemberg/K. Erik Franzen, Die Vertriebenen. Hitlers letzte Opfer S. 71

Gegenoffensive unter General Lasch gestartet werden. Der Ring um Königsberg wurde für kurze Zeit durchbrochen und ermöglichte einigen Bewohnern die Flucht, bevor am 6. April 1945 der Sturmangriff der sowjetischen Truppen folgte. Am 9. April kapitulierte die einstmals zukunftsträchtige Provinzhauptstadt. Es folgten für viele Bewohner grausame Jahre auf der Flucht, in Gefangenschaft, bei Zwangsarbeiten, ohne Heimat und oftmals ohne Familie und Freunde.

2.1.3 Die Verschleppung von Jugendlichen

2.1.3.1 Definition

> *„ Bei menschenunwürdiger Behandlung wurden wir von den Posten in die Waggons gestoßen. In meinem Waggon befanden sich Frauen und Mädchen im Alter von 15 bis 60 Jahren. Weder Stroh noch Pritschen waren vorhanden, und so saßen wir, vor Kälte zitternd, auf dem Boden des Wagens.“*[13]

Dies war kein Einzelschicksal. Weit über tausend Zivilisten wurden Opfer der Verschleppung. Man spricht bei Verschleppung auch von Deportation, beide Begriffe bezeichnet die meist zeitlich begrenzte Verfrachtung von einzelnen Personen oder Gruppen *„mit Gewaltanwendung an einen anderen Ort“*[14] aufgrund staatlicher Anordnung[15]. Anders als bei Flucht oder Vertreibung ist mit der Deportation eine Gefangenschaft verbunden. Der Gefangene wird dabei gezwungen seine Heimat zu verlassen und unentgeltlich für den Feind zu arbeiten.[16] Heute wird Verschleppung als ein *„Verbrechen*

---

[13] Frau A.K. aus Ostpreußen, Hans Lemberg/K. Erik Franzen, Die Vertriebenen. Hitlers letzte Opfer S. 90

[14] Karl-Dieter Bünting, Deutsches Wörterbuch, Isis Verlag AG, Schweiz 1996

[15] Vgl. http://lexikon.meyers.de/wissen/Deportation (03.01.09)

[16] Vg. Hans Lemberg/K. Erik Franzen, Die Vertriebenen. Hitlers letzte Opfer S. 91

gegen die Menschlichkeit gesehen“[17], doch vor dem Zweiten Weltkrieg war Deportation nicht ausdrücklich verboten, da in den Haager Konventionen von 1907 dieses Kapitel einfach ausgelassen worden war. Wer die Gefangenschaft überlebte wurde oft erst nach mehreren Jahren wieder freigelassen. Doch bis dahin lagen viele Grausamkeiten vor ihnen.

2.1.3.2 Gefangennahme und Transport nach Russland

Als der Zweite Weltkrieg durch die Einnahme der ostpreußischen Gebiete und den Vormarsch auf die deutsche Reichshauptstadt schon fast beendet war, hatte der Machtkampf durch seine unzähligen Misshandlungen und gewalttätigen Morde schon mehr als genug Opfer gefordert – doch für die russische Besatzungsmacht schien es noch nicht genug gewesen zu sein.[18] Mit geschultem Auge suchten die sowjetischen Soldaten gerade die wenigen deutschen Zivilisten heraus, die der Krieg noch weitgehend verschont hatte. Frauen und Männer wurden auf der Flucht oder in ihrem Zuhause gefangen genommen und ihrer Familie entrissen solange sie arbeitsfähig waren. Es hieß auf der Stelle mitzukommen, nur das Notwendigste durfte mitgenommen werden, manchmal auch gar nichts. Es reichte schon der Name auf einer der vielen Listen der Sturmtruppen, um den Russen einen Vorwand für die Gefangennahme zu liefern. Oft war nicht einmal dieser von Nöten.

Man verschonte keinen, besonders nicht die Kleinsten. Sie waren noch kaum vom Krieg gezeichnet, weil sie mit ihrem Alter von 12 bis 16 Jahren nicht an die Front mussten. Sie eigneten sich also aus Sicht der sowjetischen Besatzer hervorragend, um der eisigen Kälte in Russland zu widerstehen und gute Arbeit in den Lagern zu leisten. Denn das war es, was die Gefangenen letztendlich erwartete. Doch

---

[17] Roy Gutman, Deportation, in: Roy Gutman/David Rieff (Hrsg.), Kriegsverbrechen, was jeder wissen sollte, München/Stuttgart, Deutsche Verlags-Anstalt GMBH, S.94

[18] Zum Folgenden vgl. Zeitzeugenberichte aus: Bundesministerium für Vertriebene, Flüchtlinge und Kriegsgeschädigte, Die Vertreibung der deutschen Bevölkerung aus den Gebieten östlich der Oder Neiße München 2003, Deutscher Taschenbuch Verlag GMBH

schon der Transport in eine monate-, oft jahrelange Gefangenschaft war für die Meisten ein qualvolles Todesurteil. Teilweise fanden 40 Personen auf einem einzigen Lastkraftwagen Platz. In Kolonnen wurden sie von ihrem Zuhause weg in Sammellager in der Nähe der ostpreußischen Grenze zu Polen gebracht, eines der Größten davon war in Insterburg. Sowjetische Soldaten besetzten dort Schulen und Gefängnisse, in denen sie die Verschleppten unterbrachten. Frauen, Männer und Kinder wurden ohne Rücksicht auf Familien voneinander getrennt und in verschiedene Räume gebracht, nachdem sie von den Soldaten misshandelt und ausgeraubt worden waren.

> *„Nach der Plünderung kamen wir ins Gefängnis, wo wir in Zellen untergebracht wurden. Deutsche Männer aus früheren Transporten waren dabei, unsere Fenster zu vernageln und die dazu benötigten Bretter zuzuschneiden. Es war nachts. Den Russen ging die Arbeit immer noch nicht schnell genug, trotzdem wir am Geräusch der Sägen hörten, wie sehr sich die Männer beeilten, deswegen schlugen die Russen in grausamster Weise auf die Arbeitenden ein. Die ganze Nacht hörten wir das Schreien und Stöhnen der Gequälten.“*[19]

Dort erwartete sie tagelanges Warten, stehend, denn es gab zu wenig Platz für zu viele Menschen. Man wusste nicht wann und vor allem wie es weitergehen würde. Die Tage bestanden aus Dunkelheit und Kälte, die einzige Abwechslung war eine salzige Suppe, die den ohnehin schon großen Durst noch verstärkte; denn Wasser zeigte man den Gefangenen nur, gab es ihnen aber nicht. Einzeln wurden sie in eigens eingerichtete Verhörräume geführt, wo sie Schläge und Erpressungen erwarteten, bis sie die Aufenthaltsorte noch nicht

[19] Bericht der H.B. aus Rodenau in Ostpreußen in: Bundesministerium für Vertriebene, Flüchtlinge und Kriegsgeschädigte (Hrsg.), Die Vertreibung der deutschen Bevölkerung aus den Gebieten östlich der Oder-Neiße , Band zwei Buch S. 14

gefangengenommener Freunde, Nachbarn oder Verwandte verrieten. Von jedem wurden die Personalien aufgenommen um eine Liste mit arbeitsfähigen Gefangenen anzufertigen, die in einer Arbeitskolonne nach Russland geschickt werden sollten. Die Arbeitsunfähigen wurden mit einer Bescheinigung entlassen, die sie oft vor weiteren Gewalttaten bewahrte. Für einige wiederholte sich die Prozedur: Transport in ein anderes Lager, Ausraubung, Misshandlung, Hunger, Kälte, Verhör, Schläge, Dunkelheit.

Danach ging es nach Russland. Die vier bis sechs Wochen dauernde Fahrt bedeutete für mehr als die Hälfte den Tod. In Viehwaggons wurden bis zu 120 Menschen oder mehr verfrachtet, je nach Größe der Waggons, stehend, denn es war zu eng zum Sitzen. Ohne Stroh, ohne warme Kleidung. Am Tag gab es etwas Brot und kaum Wasser, im günstigsten Fall gab es ein oder zwei kleine Stücke Salzhering. Die schlechte, einseitige Ernährung machte sich bemerkbar. Die von Durchfall geplagten Gefangenen hatten nicht genug Wasser und starben. Viele fielen auch der Kälte zum Opfer und erfroren, einige verhungerten. Für die Toten hatte man bei den kurzen Stopps während der Fahrt keine Möglichkeit einer Beerdigung, also wurden sie in extra dafür freigehaltene leere Waggons gestapelt, bis sie am Ende mehrere Abteile füllten. Aus Durst versuchten die Gefangenen Schnee zu essen oder Eis von den Wänden der Waggons zu kratzen. Wurde man dabei erwischt, warteten Prügel oder andere Strafen. Nachts schlugen die sowjetischen Soldaten gegen die Wände der Waggons, um gelöste Holzbretter ausfindig zu machen, die eine Flucht ermöglicht hätten. An Schlaf war kaum zu denken. Von Ostpreußen ging es in die Sowjetunion in den Ural, wo eisige Kälte bis unter –50 Grad Celsius herrschte. Die Überlebenden des Transports waren bei ihrer Ankunft kaum noch als solche auszumachen.

> *„Es war nichts Menschenähnliches mehr, was die Waggons verließ. Verdreckt, voller Ungeziefer, Angst in den aufgedunsenen Gesichtern, verließen wir unsere mit Kot und Unrat gefüllten Wagen, - seit Wochen die erste Waschung! Nach*

dem Bad fuhren wir noch einen Tag, wir hatten unseren Bestimmungsort erreicht, wenn auch nur als zerbrochene Menschen. Wir waren in einem Lager im Gouvernement Samara in der Nähe der Stadt Kuibischew."[20]

Über die Wochen der Entbehrung und der unmenschlichen Behandlung auf dem Weg nach Russland sind bis heute kaum Aufzeichnungen der russischen Soldaten und Offiziere aufgetaucht oder nur schwer ausfindig zu machen, wenn überhaupt vorhanden. Zur Grundlage für die Recherche dienten deswegen mehrere Zeitzeugenberichte. Daraus erhält man eine sehr einseitige Betrachtungsweise auf die Geschehnisse der Gefangennahme und kann nur ungenau über die politischen und militärischen Hintergründe der einzelnen Ereignisse berichten, da auch die Zeitzeugen selber in ihrer Gefangenschaft darüber keine Informationen von den Soldaten erhielten. Ähnlich verhält es sich mit Lagerberichten aus der Sowjetunion. Die Zeit der Gefangenschaft in Russland selbst ist dabei im Gegensatz zur Gefangennahme und dem Transport jedoch deutlich ausführlicher aufgezeichnet worden, wenn auch durch Nachlässigkeit der Offiziere und Berichtsschreiber nur sehr ungenau.

***Abbildung 6*: Kolonne deutscher Kriegsgefangener in Russland 1944**

[20] Bericht der Zeitzeugin H.B. aus Rodenau in Ostpreußen in: Bundesministerium für Vertriebene, Flüchtlinge und Kriegsgeschädigte (Hrsg.), Die Vertreibung der deutschen Bevölkerung aus den Gebieten östlich der Oder-Neiße , Band zwei S. 15

2.1.3.3 Gefangenschaft

Vor allem dem Lagersystem *GUPVI* ist es zu verdanken, dass man heute überhaupt etwas über diese Zeit der Gefangenschaft in der Sowjetunion weiß. *GUPVI*, dessen Hauptverwaltung in Moskau beim *NKVD*[21] lag, bedeutet *Glavnoe upravlenie po delam voennoplennych i internirovannych*. Aus dem Russischen ins Deutsche übersetzt heißt das *Hauptverwaltung für Angelegenheiten von Kriegsgefangenen und Internierten* und beschreibt die allgemeine Aufgabe, der sich das *NKVD* angenommen hat.[22] Die vom Volkskommissar für Inneres, Lavrentij Berija, eigens für die Gefangenen des Zweiten Weltkriegs gegründete Verwaltung betrieb mehrere Abteilungen, die sich in 267 Lagern um Bewachung, Sanität, Versorgung, Unterkunft und Verwendung, politische Fragen, Aufzeichnungen und Anderes, was mit den Lagern zu tun hatte, kümmerte. Sie unterschied nicht zwischen ostpreußischen, schlesischen, österreichischen und anderen Gefangenen, weshalb die Ausführungen im Text über die Gefangenschaft allgemein gehalten werden und auf alle Nationalitäten unter den Gefangenen zutreffen, auch auf ostpreußische. Dass die Verwaltung allerdings nicht immer so reibungslos und korrekt funktionierte, wie es den Anschein hatte,

***Abbildung 7*: Schlafbaracke eines Lagers im Archipel GULAG**

[21] NKVD = Narodnyj komissariat vnutrennich (Volkskommissariat für Innere Angelegenheiten der UdSSR)

[22] zum Folgenden vgl. Stefan Kerner, Die Lagergruppe Stalingrad/Volgograd. Ein Überblick über das Lagersystem für ausländische Kriegsgefangene im Bereich Stalingrad/Volgograd, in: Günter Bischof/Rüdiger Overmans (Hrsg.), Kriegsgefangenschaft im Zweiten Weltkrieg. Eine Vergleichende Perspektive, Ternitz-Pottschach 1999, Gerhard Höller Verlag, S. 339 - 361

beweisen die mangelhaften Berichtshefte über Verstorbene, Personalien, Unfälle und ähnliche aufgezeichnete Vorgänge im Lager. *GUPVI* diente vor allem dazu, die arbeitsfähigen Deportierten der russischen Wirtschaft zugänglich zu machen um so die Industrialisierung in der Sowjetunion schneller voran zu treiben. Etwa zwölf Prozent der Lagerinsassen arbeiteten beispielsweise für die Industrie in den Städten, hauptsächlich in Fabriken der Kraftfahrzeugs- und Rüstungsindustrie, in Eisen-, Stahl- und Walzwerken, in Ziegeleien, Sägewerken, in der Lebensmittelindustrie und halfen beim Aufbau des Verkehrsnetzes. So wurde beispielsweise der noch heute existierende *Wolga-Don-Kanal*, den man auch *Leninkanal* nannte, von ihren Händen erbaut. Tatsächlich ist die damalige wirtschaftliche Entwicklung Russlands vor allem den Kriegsgefangenen zu verdanken, die nicht nur billig waren sondern noch dazu besonders schnell und hart arbeiteten. Dass diese Tatsache keinesfalls etwas ist worauf die russische Regierung stolz sein kann, lag nicht nur an der allgemeinen Tatsache der Gefangenenarbeit, sondern auch an den Bedingungen, unter denen die Gefangenen die Arbeiten verrichten mussten. Bei bis unter -40° Celsius wurden Straßen gebaut und Häuser errichtet. Aus Erschöpfung gewöhnte man sich den *Plenny-Schritt* an, ein langsamer, schleichender Gang, der Kräfte sparte. Hunger - denn es gab entweder nur wenig Brot, tagelang das Gleiche, Ungenießbares oder gar nichts zu essen - und die klirrende Kälte schwächten die Gefangenen. Gegen die Kälte konnte man sich nicht schützen, weil es keine warme Kleidung gab. Man musste barfuss in die bereitgestellten Filzstiefel steigen in denen die Füße auch öfter festfroren. Öfen waren in den Schlafbaracken, in denen auf

***Abbildung 8:* Waldarbeiten im Winter bei eisiger Kälte**

Holzbetten ohne Matratze einer neben dem anderen schlief, nicht immer vorhanden, Decken erst recht nicht. Die Folge waren etliche Krankheiten und Verletzungen: Erfrierungen, Typhus, Läuse, Malaria, Wassersucht, Dystrophie und vieles mehr. Die Kranken kamen in eines der 178 Lazarette[23], die Toten in Massengräber.[24] Obwohl die Anordnung lautete, Friedhofsbücher mit Personalien anzufertigen, wurde dieser Erlass kaum befolgt, was die bis heute andauernde Suche nach Vermissten deutlich erschwert. Der eigentliche Zweck der Verschleppung, die Gefangenen für Arbeiten einzusetzen, konnte durch die vielen Kranken und Toten immer weniger erfüllt werden. Also sorgte das NKVD für Verbesserungsmaßnahmen um den optimalen Arbeitseinsatz zu gewährleisten. Es wurden Bahnanschlüsse für die Lager geschaffen und Lager vom Land in verschiedene Stadtbezirke verlegt um einen möglichst geringen Transportaufwand zu haben. So wurden beispielsweise vier Teillager des Lagers 362 Krasnooktjabrskij nach Stalingrad/Volgograd umdisponiert. Für die arbeitsfähigen Gefangenen bedeuteten diese Verbesserungsmaßnahmen zwar eine etwas nahrhaftere Nahrungsmittelversorgung, aber auch mehr Arbeit. Denn nur wer die Norm erfüllte, bekam seiner Leistung entsprechend auch mal einen Schöpfer Hirsesuppe mehr oder ein Leinentuch, das einem in der russischen Kälte das Leben retten konnte. Wer unter der Norm lag, also das vorgegeben Arbeitspensum nicht erfüllte, wurde hart bestraft, bekam Schreibverbot oder Arrest. Das Normensystem, nach dem gearbeitet wurde, spiegelte das um 1945 in Russland vorherrschende Leistungsdenken wider und bedeutete für die Gefangenen harte Arbeit, denn sonst drohte der baldige Tod. Die Leistung, die man erfüllen musste war in jeder Arbeit und bei jedem Arbeiter spezifisch

---

[23] Vgl. Valerij Vartanov, Kriegsgefangenschaft in der Sowjetunion, in: Günter Bischof/Stefan Karner/Barbara Stelzl-Marx (Hrsg.), Kriegsgefangene des Zweiten Weltkriegs, S. 89

[24] zum Folgenden vgl. Stefan Kerner, Die Lagergruppe Stalingrad/Volgograd. Ein Überblick über das Lagersystem für ausländische Kriegsgefangene im Bereich Stalingrad/Volgograd, in: Günter Bischof/Rüdiger Overmans (Hrsg.), Kriegsgefangenschaft im Zweiten Weltkrieg. Eine Vergleichende Perspektiv, S. 339 - 361

und orientierte sich an der jeweiligen Gruppenzugehörigkeit des Gefangenen.

Gruppe	Altersbegrenzung	Gesundheitszustand des Arbeiters	Zu leistende Arbeit
Eins	18 – 50 Jahre	gesund	Schwere physische Arbeit
Zwei	16 – 18 Jahre und 50 – 60 Jahre	Chronische Krankheiten oder leichte körperliche Beschwerden	Mittel-schwere Arbeiten
Drei	Unter 16 Jahre und über 60 Jahre	Schwere chronische Krankheiten und starke Beeinträchtigung durch beispielsweise Magengeschwüre, Kropf, Amputation von mehr als vier Fingern oder ähnlichem	Leichtere physische Arbeiten
Vier	Unter 16 Jahre und über 60 Jahre	Schwere chronische Krankheiten und gesundheitliche Schäden wie beispielsweise bösartige Geschwüre, Altersschwachsinnigkeit, Tuberkulose	Spezielle Arbeit für Invalide

***Tabelle 1:* Die Kriegsgefangen wurden je nach physischer Verfassung in vier Gruppen eingeteilt, um den optimalen Arbeitseinsatz zu ermöglichen**

Die Einteilung erfolgte durch Ärzte und Arbeitsleiter und diente vor allem dazu, der Verschlechterung des physischen Zustands entgegenzuwirken und so Arbeitsunfälle weitgehend zu vermeiden. Verstöße kamen jedoch vor und so wurden beispielsweise Gefangene, die eigentlich in Gruppe drei gehörten, in Gruppe eins eingeteilt, was Verletzungen und Tote nach sich zog. Im *NKVD*-Bericht wurde dazu nur vermerkt: *„Das alles verschlechtert zunehmend die körperliche Verfassung der Kriegsgefangenen und erhöht die Sterblichkeit“*[25]. Unter den Arbeitern befanden sich auch etwa 1.600 hochqualifizierte Techniker und Spezialisten, nach denen

[25] aus dem NKVD-Bericht, Stefan Kerner, Die Lagergruppe Stalingrad/Volgograd. Ein Überblick über das Lagersystem für ausländische Kriegsgefangene im Bereich Stalingrad/Volgograd, in: Günter Bischof/Rüdiger Overmans (Hrsg.), Kriegsgefangenschaft im Zweiten Weltkrieg. Eine Vergleichende Perspektive S. 356

die Russen aufmerksam fahndeten und sogar Spitzel auf der Suche nach ihnen einsetzten. Ihre Entwicklungsergebnisse kamen der russischen Wirtschaft besonders zugute und trugen einen beträchtlichen Teil zu ihrem Aufschwung bei. Auch wenn die Entlohnung mit einem eigenen, warmen Schlafplatz und ausreichenden Mahlzeiten verlockend klang, verschwiegen viele ihr Können um sich die Chance auf Repatriierung[26] nicht zu vertun. Erst später, als viele den Gedanken an eine Heimkehr aufgaben, setzten sie ihr Wissen als Druckmittel für bessere Verhältnisse ein.

Die Spitzel machten jedoch nicht nur qualifizierte Arbeitskräfte ausfindig, sondern nebenbei noch Tausende Kriegsgefangene, die der Ansicht sowjetischen Militärs nach kriegsschuldig waren. Und das war automatisch jeder, der irgendwo am Kriegsgeschehen beteiligt war und sei es nur im Sanitätsdienst. Die Ungerechtigkeit des Urteilsverfahrens forderte viele unschuldige Opfer, die meisten von ihnen versuchten sich das Leben zu nehmen. Die Aussicht weitere 25 Jahre nicht nach Hause zu können und weitere 25 Jahre in Haft im *ITL*[27] zu verbringen verleitete sie zu solchen Verzweiflungstaten. Für die nicht Verurteilten ging der Alltag im Lager weiter. Arbeit war für einige der Kräftigeren aber nicht alles im Leben eines Gefangenen. Während viele vor Erschöpfung in den freien Minuten schliefen, hatten sie die Möglichkeit in ihrer Freizeit der eigens für Gefangene gegründeten *Kulturtruppe* beizutreten. Sie war der Kulturarbeit der *Antifa*[28] unterstellt und diente vorrangig Propagandazwecken. Durch kommunistisch geprägte Operetten,

***Abbildung 9:* Gefangene bei Aktivitäten der Kulturtruppe**

[26] Repatriierung = Entlassung aus der Gefangenschaft zurück in die Heimat
[27] ITL = Besserungsarbeitslager
[28] Antifa = Antifaschistisches Aktiv

Theaterstücke und Orchestervorführungen, die von den Arbeitern selber vorgetragen wurden, versuchte die russische Regierung ihnen unauffällig kommunistisches Gedankengut einzuprägen. Viele Gefangene wussten das. Aber die Abwechslung, die die *Kulturtruppe* ihnen bot, war ein seltener Lichtblick im Arbeitsalltag eines jeden Einzelnen, von dem keiner wusste wann er enden würde.

2.1.3.4 Repatriierung

Insgesamt 1.950.000 Deutsche wurden aus der Kriegsgefangenschaft in Russland entlassen, im Jahr 1956 der Letzte[29]. Mit ihm folgte die Schließung des letzten Kriegsgefangenenlagers. Die lange Zeit der Angst, des Hungers und der Entbehrung hatte damit ein Ende. Am 27. Juni 1946 kam der Befehl vom *MVD*[30] für den *Abtransport der Kranken und nicht-arbeitsfähigen Kriegsgefangenen deutscher und anderer westlicher Nationalitäten in die Heimat*[31]. Der Ablauf der Repatriierung wurde seit September 1945 durch die *NKVD*-Direktive geregelt, die in Frankfurt an der Oder das Lager 69 einrichtete, in das die Entlassenen gebracht wurden.[32] Dort gab man ihnen einen Entlassungsschein. Den Schein in die Freiheit - und in die Ungewissheit.

> *„Man sagte uns, dass wir, die jenseits der Oder-Neiße-Linie wohnen, nicht nach Hause können, sondern uns im restlichen Deutschland eine neue Heimat suchen müssten."*[33]

---

[29] Vgl. Tabelle 2 im Anhang

[30] MVD = Ministerium für innere Angelegenheiten der UdSSR

[31] Stefan Karner (Hrsg.), Im Archipel GUPVI. Kriegsgefangenschaft und Internierung in der Sowjetunion 1941 – 1956, Oldenbourg Verlag, S. 205, http://books.google.de/, URL: http://books.google.de/books?id=_z6B1tZqTM8C &printsec=frontcover&dq=Archipel+GUPVI&lr=&as_brr=0&as_pt=ALLTYPES (Zugriff vom 10. Januar 2009)

[32] Vgl. Stefan Karner (Hrsg.), Im Archipel GUPVI. Kriegsgefangenschaft und Internierung in der Sowjetunion 1941 – 1956, Oldenbourg Verlag, S. 205, http://books.google.de/, URL: http://books.google.de/books?id=_z6B1tZqTM8C &printsec=frontcover&dq=Archipel+GUPVI&lr=&as_brr=0&as_pt=ALLTYPES (Zugriff vom 10. Januar 2009)

[33] Bericht des Zeitzeugen Peter Koy aus Tolkemit/Westpreußen Bundesministerium für Vertriebene,

Eine neue Heimat, eine neue Arbeit, vielleicht eine neue Familie und ein neues Leben, in dem die ehemaligen Gefangenen sich immer an die Zeit in der Sowjetunion erinnern werden würden.

2.1.3.5 Jugendliche und die Verschleppung

Den bei weitem größten Teil der Gefangenen machten Jugendliche aus, die stark genug waren dem harten Alltag und allen Strapazen zu widerstehen. Jedoch wird über sie kaum ein Wort verloren. In beinahe der gesamten Nachkriegsliteratur wird die bedeutende Rolle und besondere Gegebenheit der Jugend nicht erwähnt. Dabei spielten sie in ihrem Alter zwischen 15 und 25 Jahren eine Bedeutung, die sie vielleicht damals selber gar nicht realisierten. In den meisten Quellen wird zwischen Jugendlichen und Erwachsenen nicht differenziert. Fügt man aber die schon erwähnten Erkenntnisse der Geschichtsforscher zusammen, erkennt man einige Gründe, die diese Position der Jugendlichen so bedeutend gemacht haben könnte. So stieß beispielsweise die propagandistische Arbeit der *Antifa* bei einigen von ihnen auf offene Ohren. Hitler wurde in der Gefangenschaft nicht mehr erwähnt, dadurch verloren viele ihr Vorbild, manche besaßen nicht einmal eines.[34] Das und die Abwesenheit vertrauter Gesichter und damit alleine ohne Leitbilder zu sein stürzte viele in eine hilflose Orientierungslosigkeit. Dass gerade die *Antifa* eine solche Orientierung bot, war kein Zufall sondern eine verdeckte Strategie, die Haltlosigkeit Jugendlicher geschickt zu nutzen und sie so an die Sowjetunion zu binden. Sie waren nebenbei die fast einzigen, die noch Kraft dazu hatten den Treffen der *Kulturtruppe*, die ja von der *Antifa* geleitet wurden, in der arbeitsfreien Zeit beizuwohnen. Während die Erwachsenen diese nutzten um vor Erschöpfung und Hunger, Kälte und Krankheit in den Baracken zu liegen, trafen sich die robusteren Jugendlichen unter der Leitung sowjetischer Betreuer, die

---

Flüchtlinge und Kriegsgeschädigte (Hrsg.), Die Vertreibung der deutschen Bevölkerung aus den Gebieten östlich der Oder-Neiße , Band zwei, S. 27

[34] Vgl. Rolf Schörken, Jugend 1945. Politisches Denken und Lebensgeschichte S. 74

ihnen zielsicher durch kommunistische Theaterstücke oder Operetten die russische Kultur und politische Einstellung einzuprägen versuchten. Sicher hatte das nicht bei allen den gewünschten Erfolg, da viele sich nicht von der lustigen Ablenkung blenden ließen und die Augen nicht vor der grausamen Realität der Gefangenschaft verschließen konnten. Und das obwohl man unter der strengen Bewachung der Aufsicht keine Möglichkeit einer Diskussion mit Erwachsenen über politische Ansichten hatte, die einem vielleicht einige wahre, erschreckend ungerechte Hintergründe des Nationalsozialismus, des Krieges und der Verschleppung, wie den willkürlichen Verhaftungen gegen Unschuldige, aufgezeigt hätte. Jede Andeutung eines Gesprächs in diese Richtung hätte aber einen Verdacht auf etwaige SS-Mitgliedschaft und Bestrafung nach sich gezogen. So verbreitete sich Unwissenheit unter den Erwachsenen und Naivität unter den Jugendlichen. Jedoch sollte bei den Jugendlichen die kommunistische Propaganda besser funktionieren als bei den über 25-Jährigen, deren schon vor der Gefangenschaft durchaus vorhandenes politisches Interesse sie dazu brachte, ihr eigenes Bild der Politik durch Erfahrungen zu formen und dieses beizubehalten.

Die robuste Gesundheit und physische Beschaffenheit der Jugendlichen wurde aber auch in wirtschaftlicher Hinsicht den Russen zum Vorteil. So machten sie aufgrund ihres Alters und ihrer Stärke den größten Teil der Arbeiter in Gruppe eins und zwei aus. Die beiden Gruppen, deren Mitglieder die schwersten und effektivsten Arbeiten erledigten.

Die jungen Gefangenen wurden zu früh zum Erwachsensein gezwungen. Man raubte ihnen ihre Jugend, die sie auch im Nachhinein niemals wieder nachholen konnten. Die Zeit, die sie eigentlich auf der Schulbank mit Goethe oder Einstein verbracht hätten; wäre nicht der Krieg ausgebrochen, wären nicht die Russen gekommen und hätten sie mitgenommen. Nicht nur ihre Jugend war ihnen genommen, auch in mancherlei Hinsicht ihre Zukunft.

2.1.4 Die Auswirkungen auf die Verschleppten bis heute

Die Erinnerungen an den Krieg und die Gefangenschaft sind bei den heute noch lebenden Zeitzeugen nie in Vergessenheit geraten.

> *„Manchmal denke ich noch an die Gefangenschaft. Ich fühle mich hier und da noch in die Zeit herein, z.B.: Wann war ich zu Weihnachten in welchem Lager? Wenn ich alleine bin, denke ich noch öfter zurück."*[35]

Ihr Leben war geprägt von den Erlebnissen der Zeit zwischen 1945 und 1956. Nicht nur psychische sondern auch physische Symptome begleiteten sie die Jahre hindurch. Dystrophie wurde allgemein die neue Krankheit genannt, die diese Krankheitserscheinungen beschreiben sollte: Wasserödemie, Leberkrankheit und Störungen der Hormonfunktion sowie psychopathologische Verhaltensweisen wie Apathie, Depressionen und der Verlust aller moralischer Hemmungen.[36] Man kam zu der Erkenntnis, dass diese ihren Ursprung in der jahrelangen Entbehrung im Lager hatte und nicht in den Erlebnissen an der Front, weil man Dystrophie hauptsächlich bei ehemaligen Kriegsgefangenen feststellen konnte. Inwieweit sich die Krankheit auch heute noch auf die Gesundheit auswirkt, weiß man nicht genau. Sicher ist jedoch, dass viele Verschleppte noch bis heute mit Schlafstörungen und Ängsten kämpfen.

> *„Ich träume immer von Russland, vom Kampf und der Gefangenschaft. Russland verlässt mich nie. Im Schlaf schreie ich manchmal."*[37]

---

[35]Josef Berner in: Valerij Vartanov, Kriegsgefangenschaft in der Sowjetunion, in: Günter Bischof/Stefan Karner/Barbara Stelzl.Marx (Hrsg.), Kriegsgefangene des Zweiten Weltkriegs, GefangennahmeLagerleben-Rückkehr, S. 141

[36] Vgl. Stefan Kerner, Die Lagergruppe Stalingrad/Volgograd. Ein Überblick über das Lagersystem für ausländische Kriegsgefangene im Bereich Stalingrad/ Volgograd, in: Günter Bischof/Rüdiger Overmans (Hrsg.), Kriegsgefangenschaft im Zweiten Weltkrieg. Eine Vergleichende Perspektive, S. 367

[37] Mattias Hamedinger in: Valerij Vartanov, Kriegsgefangenschaft in der Sowjetunion, in: Günter

Für die Jugendlichen war die Gefangenschaft aber nicht nur die Ursache ihrer Krankheiten sondern auch die des Verlusts ihrer Zukunft, wie sie ursprünglich ausgesehen hatte. Der Krieg hatte ihnen das genommen, was davor nach einem aussichtsreichen Leben voll Wohlstand und Bildung ausgesehen hatte. Aber durch die fehlende Ausbildung in Schule und Beruf, die durch den Krieg unterbrochen oder gar nicht erst begonnen worden war, konnten aussichtsreiche Berufe selbst die ehemals Klassenbesten nur selten erlernen. Ihre Zukunft sah ungewiss und sorgenreich aus, doch irgendwie schafften es die meisten in den Alltag zurück zu finden, eine Familie zu gründen und mit der Vergangenheit zu leben. Vielleicht weil sie es mussten.

2.2 Betrachtung eines Einzelschicksals

2.2.1 Gerhard Schirrmacher als Person

„Ich war mit 14 ein guter Schüler. Ich wollte später nach dem Abitur nach Bartenstein. Da wollte ich in der Sparkasse arbeiten. Ja, aber dazu ist es ja nie gekommen.“[38]

Abbildung 10: **Gerhard Schirrmacher mit 25 Jahren**

Bischof/Stefan Karner/Barbara Stelzl.Marx (Hrsg.), Kriegsgefangene des Zweiten Weltkriegs, Gefangennahme-Lagerleben-Rückkehr, S.142

[38] Die folgenden Zitate stammen von Gerhard Schirrmacher

2.2.1.1 Familie

Eines der vielen Opfer der Verschleppung war der damals 16-jährige Gerhard Schirrmacher, im Folgenden Gerhard genannt. Er kann sich noch sehr genau an die damaligen Umstände seiner Kindheit und Verschleppung erinnern. Gerhard ist ein Zeitzeuge, der die Geschehnisse des Zweiten Weltkriegs nie vergessen konnte. Obwohl es für ihn nicht leicht war, die Vergangenheit aus seinen Gedanken wieder aufleben zu lassen, hat er sich bereit erklärt, sein Schicksal genau dokumentieren zu lassen.

Gerhard ist der einzig heute noch lebende Sohn seiner Eltern, mit denen er zusammen mit seinen Brüdern in seinem Geburtsort Schönbruch in Ostpreußen wohnte, dem heute direkt an der russischen Grenze gelegenen polnischen Ort Szczurkowo. Sein Vater, Gustav Schirrmacher, wurde am 15. Mai 1892 in Kämmersbruch in Ostpreußen geboren und versorgte als selbstständiger Schneidermeister seine Familie. Seine Frau Marie, geborene Dingel, unterstützte ihn im Haushalt und zog ihre gemeinsamen fünf Söhne Kurt, Erich, Artur, Fritz und Gerhard groß. Für sie erhielt sie das von Adolf Hitler gestiftete Ehrenkreuz der deutschen Mutter[39]. Doch drei ihrer Kinder starben noch vor dem Ende des Weltkrieges, nur Kurt, der 1984 starb, und Gerhard überlebten. Nicht von allen weiß man nicht genau,

***Abbildung 11*: Vater Gustav (1938) und Mutter Marie (1947)**

[39] Das Ehrenkreuz der deutschen Mutter wurde auch Mutterkreuz genannt und wurde jeder Mutter verliehen, die mehr als vier Kinder mit *arischer* Abstammung lebend zur Welt brachte

weshalb sie starben, doch klar ist, dass der Krieg Schuld an ihrem Tod trug. Die Mutter wurde mit ihrem Mann Gustav in ein Internierungslager etwa 6 Kilometer von Schönbruch verschleppt. Von dort wurde sie vertrieben, während ihr Mann dort bleiben musste und am 12. September 1945 starb; vermutlich an Typhus. Aus einem Internierungslager ein paar Kilometer weiter östlich schrieb Gerhard seiner Mutter Marie einen Brief, nicht bei *Onkel Josef*[40] zu bleiben, sondern zu Onkel Otto, dem Mann der Schwester mütterlicherseits, zu ziehen. Marie befolgte seinen Rat und schaffte es von Thüringen aus durch die Saale zu waten und so in den Westen zu fliehen, wo sie sich schließlich im bayerischen Mauern bei Moosburg niederließ. Am 07.07.1975 starb sie in Freising.

2.2.1.2 Kindheit und Wohnort

Schönbruch war ein kleines Dorf mitten auf dem Land, umgeben von großen Gestüten und der bunten Landschaft Ostpreußens, mit prächtigen Alleen und riesigen Wiesen. Seit seiner Geburt am 5. Februar 1929 erlebte Gerhard dort als Jüngstes von fünf Kindern mit seiner Familie eine glückliche Kindheit. Mit sechs Jahren kam er in die Hauptschule, die nur 500 Meter vom Elternhaus entfernt lag. Die Schule war klein, hatte nur acht Klassen, eine Dorfschule eben. Er fand viele Freunde dort, mit denen er seine Freizeit verbrachte. Als der Krieg offiziell

***Abbildung 12*: Gerhards Elternhaus (rechts) in Schönbruch um 2005**

[40] Onkel Josef war eine Bezeichnung Josef Stalins, um die Absichten der Flucht zu vertuschen

begann, saß Gerhard gerade im Sandkasten. Seine Mutter stand am Fenster und hatte das Radio laut aufgedreht. Als die Nachricht kam, sah er sie weinen: *„Wir haben wieder Krieg."*

2.2.1.3 Jugend im Zweiten Weltkrieg

Vorerst bekam man vom Krieg in Ostpreußen aber nur wenig mit. Zwar musste man einige Male verdunkeln, jedoch fiel in Schönbruch nie eine Bombe. Mit zehn Jahren mussten alle Kinder der Hitlerjugend beitreten. Sonst flog man von der Schule, so wollte es die Regierung. Auch Gerhard ging zur Hitlerjugend. Dort hatte er Spaß, er war noch zu jung um die propagandistischen Hintergründe dieser Organisation zu verstehen. Etwas später wurde er zum Leiter der Hitlerjugend im Dorf ernannt, als viele Freunde schon in den Krieg gezogen waren. Die Anzahl der Kinder nahm stetig ab, viele mussten an die Front, aber Gerhard war noch zu jung dafür. Außerdem gab es kaum Nachwuchs, weil alle Männer weg waren. Auch seine Brüder waren im Krieg eingesetzt. Schon 1941 verlor er seine Brüder Erich und Artur. Sein Bruder Fritz schrieb ihm von der Front noch einen Brief, dass Gerhard sich niemals freiwillig als Soldat melden sollte, bevor er im August 1944 in St. Leonhard in Frankreich als Soldat der Waffen-SS starb.

1943 kam Gerhard auf die Agnes-Miegel-Oberschule in Friedland, dem heute russischen Prawdinsk. Er war ein so guter Schüler, dass er vom Schulgeld befreit wurde. Er war der Jüngste in seiner Klasse und hatte Aussicht auf ein gutes Abitur. In sechs Jahren wollte er die Schule damit abschließen, so war der Plan. Doch 1944, als er gerade die dritte Klasse[41] besuchte, kam der Krieg auch zu ihnen nach Ostpreußen.

Im Dezember sahen sie zum ersten Mal Leuchtbomben, als sie nachmittags im Dunkeln von der Schule in Friedland nach Hause fuhren. Darauf folgte der große Bombenangriff auf Königsberg. Alles habe gedröhnt und es wäre sehr hell gewesen, erinnert sich Gerhard.

---

[41] bei der Oberschule in Kurzform erfolgte der Wechsel von der Hauptschule in die Oberschule direkt in die dritte Klasse

Man konnte den Angriff hören und sehen, obwohl Königsberg etwa 50 Kilometer entfernt lag. Königsberg brannte komplett nieder und wurde bald von den Russen eingenommen. Er war damals 15 Jahre alt. Eine weitere Bombe wurde bei Liekheim abgeworfen. Es war eine Phosphorbombe, die auf den Ort niederging, in dem seine nahen Verwandten wohnten. Gerhard erinnert sich noch gut daran.

2.2.2 Die Verschleppung

2.2.2.1 Der Einmarsch der sowjetischen Truppen

Am 5. Februar 1945 hatte Gerhard seinen 16. Geburtstag. Drei Tage zuvor waren die russischen Truppen auch in sein Dorf einmarschiert, die seinen Geburtstag zu einem Tag machten, der in sein Gedächtnis eingebrannt blieb. Aus einer Kammer der SA direkt neben seinem Haus hatte er Gewehre und Übungsgranaten genommen und in einen naheliegenden Tümpel geworfen. Die Gefahr war zu groß, dass man die Waffen hätte finden und mit seiner Familie in Verbindung bringen können. *„Weil mich einer verpfiffen hat, haben mich die Russen gezwungen ihnen das Versteck zu zeigen.“* Mit Maschinenpistolen mit aufgepflanzten Bajonetten bewaffnet brachten sie Gerhard dazu, die Waffen aus dem Tümpel zu holen.

> *„Als ich sie rausgeholt hatte, haben mich die Russen gefragt: „Was ist das?“ Ich hab´ gesagt: „Das sind Übungsgranaten.“ Aber ich glaube, die haben mich nicht verstanden. Ich konnte nicht genau sagen was das ist. Deswegen fragte ich: „Soll ich's mal vorführen?“ Dann hab´ ich sie angezündet und gleich weggeworfen. Die sind sofort explodiert. Gott sei Dank ist nichts passiert, ich glaub die hätten mich erschossen“.*

Erst danach durfte er wieder nach Hause gehen. Als die russischen Besatzer jedoch eine Vogelscheuche am Haus des Ortsvorstehers entdeckten, vermuteten sie in ihr ein geheimes Zeichen das in Zusammenhang mit den versteckten Waffen gestanden haben sollte.

Bei der Vernehmung drohten die Russen Gerhard und seinen Vater zu erschießen, sollten sie nicht die Wahrheit erzählen. Als Mutter Marie im Nebenhaus einen Schuss aus dem Verhörraum vernahm, glaubte sie ihren Mann und ihren Sohn nie mehr wieder zu sehen. Es war jedoch nur ein Warnschuss - Gerhards Vater konnte die Besatzer von ihrer Unschuld überzeugen.

2.2.2.2 Gefangennahme und Transport nach Samara

Drei Tage später, am 8. Februar 1945, war ihre Unschuld schon wieder bedeutungslos. Der Befehl von den russischen Truppen erging an alle Dorfbewohner: Decke holen und sich möglichst schnell vor ihnen aufstellen. Als klar wurde, dass die Russen vorhatten, sie alle gefangen zu nehmen, verabschiedete sich Vater Gustav von Gerhard: *„Wir sehen uns nicht mehr wieder.“* Er sollte Recht behalten. Zusammen mit seiner Frau und ein paar anderen Bewohnern aus Schönbruch wurde der Vater in ein Internierungslager nach Klingenberg gebracht, wo er im Alter von 53 Jahren starb ohne dass Gerhard ihn vorher jemals wieder gesehen hatte. Die übrigen Dorfbewohner waren zum Großteil Jugendliche im Alter von 15 bis etwa 20 Jahren, einige waren Klassenkameraden. Sie waren kräftiger als die Älteren und konnten den 14 Kilometer langen Marsch nach Friedland besser überstehen, den sie nun unter Bewachung bewaffneter Russen vor sich hatten. Das Ziel war das Gefängnis in Friedland. Es lag direkt gegenüber der Oberschule, in der Gerhard einige Tage zuvor noch gesessen und gelernt hatte. Jetzt konnte er nur durch Gitterstäbe zum Schulgebäude hinüber sehen. Die Behandlung der Insassen durch die Russen war jedoch nicht besonders schlecht, es gab auch genügend Platz für alle. Als Gerhard zur Vernehmung geführt wurde, fragten sie ihn nur nach Personalien.

> *„Sie fragten: „Gehen Sie zur Schule?“. Ich antwortete: „Ja“. Sie fragten: “In welche Schule?“. Und dann hab ich gesagt: „In diese hier“. Da haben sie mich vernommen, im Lehrerzimmer. Da haben sie zwei DIN A4 Seiten aufgeschrieben.*

Warum? Wahrscheinlich weil der Direktor von der Schule ein richtiger Nazi war."

Nach etwa einer Woche Gefangenschaft in Friedberg wurden sie in Waggons verfrachtet und nach Insterburg gebracht – in ein weiteres Gefängnis. Dort hatte der Krieg erhebliche Spuren hinterlassen:

„In Insterburg hab ich gesehen, wie alles gebrannt hat. Und da sind die Häuser zum Teil in die Inster gestürzt. Das hab ich noch gesehen. Und dann ging's weiter nach Wilna."

Per Viehwaggon wurden sie nach Wilna transportiert, dem heutigen Vilnius in Litauen, von dort weiter nach Kuibischew in Russland, das direkt am Ural liegt. Die sechs Wochen dauernde Fahrt war eine Qual. Sie war gezeichnet von Hunger, Durst und Kälte. Etwa 60 Personen fanden in einem Waggon Platz, jedoch nur stehend. Später konnte man sich auch hinsetzen, nach ein paar Tagen, als schon die ersten gestorben waren. Die Toten brachte man in eigene Waggons.

„Es waren 20 bis 30 die täglich starben. Ich habe die Toten in den ersten Waggon getragen. Der war direkt hinter der Lokomotive. [...] Da habe ich immer ein Kochgeschirr gehabt und habe [damit] Wasser mitgenommen. Das habe ich immer mitgonommen, auch dem Bürgermeister. Wir hatten alle solchen Durst. [...] Hunger war das Schlimmste. Da gab es ja nur trocken Brot, aber getrocknetes Brot, also da hat man viel Wasser dazu gebraucht. Das hatten wir ja nicht."

Die meisten starben an Unterernährung, Wassermangel und den schlechten hygienischen Verhältnissen. Es gab keine Toilette, kein Wasser zum Waschen. Der erste längere Zwischenstopp war in Kuibischew. Gerhard hatte den Transport überlebt und konnte dort das erste mal seit der Abfahrt von Insterburg wieder duschen und wurde entlaust. Der Bürgermeister, um den er sich während des Transports gekümmert hatte, starb dabei.

> *„Da wurden wir ausgeladen in Kuibischew, zum Duschen und Entlausen. Und unter der Dusche ist der Bürgermeister gestanden und hat getrunken und getrunken bis er tot umgefallen ist."*

Danach ging es weiter nach Samara, in das erste Lager, wo für Gerhard die lange Zeit der Gefangenschaft in Russland begann.

2.2.2.3 Gefangenschaft

Das Lager in Samara war an der Wolga und war noch leer. Der Transport, mit dem Gerhard kam, war der erste der dort ankam. Er wurde in einer Baracke mit fast 600 anderen Gefangenen untergebracht. Der ganze Raum bestand nur aus Stockbetten, eines neben dem anderen. Sie waren aus Holz und hart, weil es nicht einmal Strohsäcke zum Unterlegen gab. Nachts hatte er nur seine eigene Kleidung gegen die Kälte und einen Ofen, der die komplette Baracke erwärmen sollte. Doch sie hatten Glück, dass sie überhaupt einen hatten. Öfen waren selten, wenn auch aufgrund der eisigen Kälte des Winters in Russland beinahe überlebensnotwendig.

Der Tag bestand von früh morgens bis spät abends aus harter Arbeit. Schon beim Aufwachen holte sie die grausame Gegenwart der Gefangenschaft ein.

> *„Da ging einer rum, das waren ja auch viele Polen dort, die riefen: „Aufsteh´n! Aufsteh´n!" Und wer nicht gleich aufstand, der bekam eine drüber.*
> *Dann bekamen wir Brot und – nicht dass ich das jetzt verwechsle, weil später bekamen wir ja Butter auch noch dazu! Sonst gab es einfach nur Brot, ohne was dazu."*

Ein Brot reichte nicht aus. Die anstrengende körperliche Leistung während der Lehmverarbeitung und die zusätzlichen Aufgaben im Lager, wie beispielsweise Schnee räumen, die Gerhard noch spät abends erledigen musste, zehrten ihn aus und ließen den Hunger übermächtig werden. Aus Verzweiflung aß er frische Brennnesseln, die er gesammelt und mit viel Salz gestampft hatte. Sie unterdrückten für kurze Zeit sein quälendes Hungergefühl. Doch die mangelnde Ernährung und die unhygienischen Verhältnisse schwächten ihn und führten schließlich zu Typhus, was ihn beinahe das Leben gekostet hätte. Er bekam so hohes Fieber, dass er zu Phantasieren begann. Mit 17 Jahren wog er schließlich nur noch 35 Kilogramm. Zwei russische Ärztinnen versuchten ihn am Leben zu halten und halfen ihm die Krankheit zu überstehen. Im Gegensatz zu vielen seiner Kameraden überlebte er. Als er wieder gesund war, half er die manchmal 20 bis 30 neuen Toten in Massengräber zu tragen. Sie streuten Chlor gegen Seuchen über die Leichen, bevor sie die Gräber zuschaufelten. Innerhalb von sechs Monaten gab es etwa 1.000 Tote. Als es dann hieß, sie würden mit dem nächsten Transport in ihr alte Heimat fahren können, hoffte Gerhard endlich alle Qualen hinter sich lassen zu können. Doch der Zug fuhr in Richtung Osten. Das Ziel war das Lager in Beloretzk am südlichen Ural, wo er schließlich viereinhalb Jahre seiner Jugend verbringen sollte.

In Beloretzk fand das Lagerleben seine Fortsetzung. Etwa 15 bis 20 Internierte fanden dort in kleinen Baracken für 20 bis 25 Personen Platz. Den größten Teil des Tages bestimmte der Hunger, der ihn dazu brachte Essen zu stehlen. Gerhard wusste von einem Keller in dem Kartoffeln lagerten. Er war durch ein Gitter verschlossen, das man leicht anheben konnte. Gerhard war mittlerweile so sehr abgemagert, dass er durch den schmalen Spalt hindurch passte, wenn auch nur in Unterhose. Es war gefährlich, da eine Patrouille ihn jederzeit erwischen konnte. Doch er schaffte es immer wieder für sich und seine Freunde Kartoffeln in die Baracken zu bringen. Als ein Freund für Gerhard das Stehlen übernahm, wurde er erwischt und hart bestraft. Die Wachen wurden verstärkt und machten weitere Kartoffelbesorgungen unmöglich.

Gerhard arbeitete nun in einer Industrie für Eisenverhüttung und Stahlbau und musste dort schwere Wellen anketten und drehen. Im Winter war es teilweise bis unter –40 Grad Celsius kalt. Ab –35 Grad

Celsius musste keine Arbeit mehr verrichtet werden, was Gerhard immerhin vor schlimmen Erfrierungen bewahrte. Es stellte sich eine Art Alltag ein, den sich jedoch kaum einer so wünschen würde. Früh aufstehen, karge Mahlzeiten, Überwachung, keine Privatsphäre, Krankheit, Tod, Hunger und die Angst nie wieder nach Hause zu können. Trotz der starken psychischen Belastung oder vielleicht gerade wegen dieser verlor Gerhard nie seinen neuapostolischen Glauben. Er suchte nach Menschen seines Glaubens und fragte sie nach dem damaligen Kirchenoberhaupt Friedrich Bischoff. Doch keiner kannte ihn.

Die kommunistischen Bewacher schienen immer gegenwärtig zu sein.

> *„Da waren immer die politischen Offiziere. Und die haben uns dann einbläuen wollen – so Kommunismus und so. Das war in den Baracken.“*

Der politische Wechsel zum Kommunismus war verlockend. Nicht nur, dass er durchgehend präsent war und immer wieder versucht wurde Gerhard und die übrigen Insassen durch Vorträge zu dieser politischen Gesinnung zu bringen. Wer dieser russischen Ideologie folgte, konnte auch einige bessere Verhältnisse für sich im Lager ermöglichen. Gerhard war dem Lagerkommandanten Dr. Harms aufgefallen, der ihn für die Propagandaschule vorschlug. Wer dort hin konnte, entkam für eine Weile dem Hunger und der eisigen Kälte. Er sagte zu, jedoch nicht ohne den Rat des anti-kommunistisch gesinnten Lagerkommandanten zu befolgen: Gerhard solle nur gut zuhören, auf keinen Fall kommunistisch werden. *„Ich war ja im Offizierslager. Da wurde ich das gelehrt. Gott sei Dank bin ich nicht zum Kommunisten geworden!“* Für ein paar Tage konnte Gerhard dem Lageralltag entkommen, bekam Offiziersverpflegung, musste nicht hungern. Als er die Prüfung abgelegt hatte, bekam er eine Entlohnung von 50 Rubel, Filzstiefel und einem Pelzmantel. Von dem Geld kaufte er sich Reis mit Zucker und Zimt. Von nun an hatte er auch einige Male Ausgang, konnte in die Stadt Ufa um Lagereinkäufe zu besorgen. Und er hatte weitere Verpflichtungen. Vor völlig erschöpften Kameraden musste er Vorträge halten, ihnen kommunistisches Gedankengut einprägen.

> *„Bei den Vorträgen sind ja die meisten eingeschlafen. Und da hab ich dann, damit sie wach werden, noch was eingelegt: „Hitler ist am 20. April 1889 in Braunau am Inn geboren worden und sein Vater war Zollbeamter!“. Da kam ich dann wieder in den Bunker.“*

Im Jahr 1947 hatte Gerhard das erste Mal wieder Kontakt nach Hause. Seinen Eltern oder seinem Bruder konnte er nicht schreiben, da seine Heimat von den Russen besetzt war. Also schrieb er seiner Cousine in Hamm in Westfalen. Von ihr erfuhr er, dass seine Mutter noch lebte und bekam ihre Adresse. Etwas später erreichte Gerhard ein Antwortbrief seiner Mutter: Sein Vater sei tot. Gerhards Heimat lag nun in Mauern bei den einzigen Überlebenden seiner Familie, Mutter Marie und Bruder Kurt. Doch die waren weit weg und *„Heimweh konnte man sich nicht leisten“*. In seinem Bewusstsein gab es kein zu Hause mehr.

Die Zeit hatte ihre Bedeutung verloren, zu lange schon war Gerhard weg von zu Hause. An Geburtstage kann er sich nicht erinnern, es habe ja nicht einmal Kalender gegeben um herauszufinden, wann sie Geburtstag hatten. Nur Weihnachten 1947 habe er noch in Erinnerung. *„Wir haben Erz von Eisenwaggons geladen und dabei haben wir „Stille Nacht, heilige Nacht gesungen.“*

Als die erlösende Nachricht kam, dass Gerhard nun wirklich nach Hause dürfe, war er schon 20 Jahre alt. Beinahe fünf lange Jahre hatte er in Gefangenschaft gelebt, hatte gehungert, gefroren und, statt sein Abitur zu schreiben, harte Arbeit verrichtet. Nun stand seine Entlassung und das Wiedersehen mit seiner Mutter und seinem Bruder kurz bevor.

„Das war ein freudiges Gefühl. Zwei Tage vorher, da haben wir im Lager getanzt und Wodka getrunken und gesungen. Und da waren die Offiziere dabei, die meisten konnten ja Deutsch. Und da haben wir getanzt und gesungen „Deutschland, Deutschland über alles". Ja, die Offiziere waren ja alle betrunken!"

Am 2. Oktober 1949 schneite es, als der Zug mit Gerhard nach Deutschland fuhr. Seine Jugend ließ er in Russland zurück.

2.2.2.4 Entlassung und Heimkehr

„Auf dem Zug stand: „Wir kommen aus dem Paradies der Erde und lebten wie die Pferde."

Er fuhr in einem Viehwaggon über Samara und Minsk nach Eisenach. Die Transportverhältnisse waren ähnlich wie bei der Hinfahrt nach

Ausweis

1929

СПРАВКА

***Abbildung 13:* Gerhards Entlassungsschein (Vorder- und Rückseite)**

Russland. Doch sie waren nur wenige und vom Gefangenenleben abgehärtet. Alle überlebten die Fahrt, selbst das Kind, das während des Transports von einer Internierten geboren wurde. Die Fahrt dauerte vier Wochen. Dann kamen sie in Eisenach an und erhielten ihren Entlassungsschein. Für Gerhard war die Verschleppung nun Vergangenheit. Er wog damals nur 45 Kilogramm. In Eisenach ging er das erste Mal nach seiner Gefangennahme wieder in die Neuapostolische Kirche.

> *„Ich ging in Eisenach in die Kirche. Und das weiß ich noch, da haben wir als Eingangslied das Lied „O Vaterhand die mich so treu geführet“ gesungen.“*

Seinen Glauben hatte er nie verloren.
Danach machte er sich per Zug auf den Weg nach Moosburg, von wo aus er weiter nach Mauern fahren konnte. Dort traf er Kurt und seine Mutter wieder, die er seit fünf Jahren nicht mehr gesehen hatte. Sie lebten mit Kurts Ehefrau in einem 13 m² großen Zimmer, für Gerhard war nicht genug Platz. Er kam vorerst bei einem Bauern in der Nachbarschaft unter und versuchte sich ein neues Leben aufzubauen.

> *„Ich musste zunächst stempeln gehen, aufs Arbeitsamt. Da habe ich Geld gekriegt. Sieben bis acht Mark die Woche. Meine Mutter bekam Kriegsrente. Das war nicht viel. So 80 Mark.“*

Das Geld reichte kaum. Gerhard bewarb sich für viele Arbeitsstellen, doch es war schwer Arbeit zu finden. Schließlich bekam er eine Stelle bei der Post, weil diese bevorzugt Kriegsopfer einstellen musste. Seinen früheren Wunsch, einmal bei der Sparkasse arbeiten zu können, konnte er sich nie erfüllen.
Im März 1950 zog er nach Freising und lernte sieben Jahre später seine zukünftige Frau Ilse Wessolowski bei einem Besuch bei seinen Verwandten in Hamm kennen.

> *„Da bin ich hingefahren, mit meinem Roller. Nur Autobahn, das waren 700 Kilometer. Und der fuhr nur 70 km/h. Und dann hab ich sie alle wieder gesehen, meine Verwandtschaft, meine Großmutter. Da habe ich auch Ilse kennen gelernt [...] Später bin ich noch mal nach Wiescherhöfen gefahren und wir haben uns näher kennen gelernt. Sie kam dann mit nach Bayern und wir haben geheiratet.“*

2.2.3 Gerhard Schirmmacher heute

Zum Zeitpunkt dieser Arbeit ist Gerhard 80 Jahre alt und lebt in einer Wohnung in Freising zusammen mit seiner Frau Ilse. Mit ihr hat er eine Familie gegründet mit drei Kindern und beide haben sechs Enkelkinder. Er lebt sehr zurückgezogen und in Rente, geht jeden Sonntag in die Kirche und wenn er Besuch bekommt, erzählt er manchmal von seinen Erlebnissen in Russland. Sie sind ein Teil seines Lebens, den man nicht mehr rückgängig machen kann.

> *„Entschädigungsgelder sind keine Entschädigung für all die Jahre. Die anderen, die nicht in Kriegsgefangenschaft mussten, die konnten ihre Schule, ihr Ausbildung zu Ende machen. Ich konnte das nicht. [...] Ich habe für die Anderen mitgelitten."*

Nach seiner Heimkehr galt Gerhard als 60 Prozent schwerbehindert. Zusätzlich bildete sich durch die schlechte Ernährung während seiner Gefangenschaft in seinem Magen ein Geschwür, das man nach der Entlassung rausoperieren musste. Sein Magen wurde dabei verkleinert, was sich noch heute auf seine Essgewohnheiten auswirkt. Aus der Zeit seiner Kindheit in Ostpreußen und seiner Gefangenschaft in Russland ist ihm außer ein paar Fotos und dem Entlassungsschein nichts geblieben. Nur seine Erinnerungen. Er konnte sie nie verarbeiten, sie beschäftigen ihn bis heute.

2.3 Gerhard Schirrmachers Schicksal als Beispiel hunderttausender Jugendlicher

Gerhards Schicksal von der Gefangennahme und der Trennung von der Familie über die grausamen Entbehrungen der Gefangenschaft in Russland und die Ausbildung in der Propagandistenschule bis zur Entlassung und dem Wiedersehen seiner Familie erfuhren mit ihm noch hunderttausende anderer Jugendlicher.

Seine Verschleppung ist nur ein Einzelschicksal und zeigt doch beinahe alle Facetten der Grausamkeiten auf, die auch andere seines Alters miterlebten mussten. Es unterscheidet sich kaum von denen der anderen Jugendlichen. Krankheit, Propaganda, Kälte, harte Arbeit, Angst, Hunger, Tod – es war das prägende Bild, das den Überlebenden wie Gerhard einer ist, in Erinnerung blieb. Sie alle teilen eine gemeinsame Erinnerung an die Bedingungen der Verschleppung. Aber sie alle haben auch eigene Erinnerungen, die sich vielleicht ähneln mögen und dennoch individuell sind. Durch die verschiedenen psychischen und physischen Voraussetzungen und den unterschiedlich starken Einfluss von Religion können sie nicht als Masse betrachtet werden. Jeder muss einzeln beachtet werden und jedem einzelnen muss die Achtung geschenkt werden, die ihm durch seine grausamen Vergangenheit soweit es geht gerecht wird.

3. Deportation, ein Tabu-Thema – wie lange noch?

Es ist erschreckend, wie wenig das Schicksal Tausender deutscher Deportierten in dem Bewusstsein der Politik und der Öffentlichkeit präsent ist. Obwohl es viele Deutsche direkt oder indirekt betrifft, da viele Angehörige haben die dieses Schicksal durchmachen mussten, weiß kaum jemand genaueres darüber.

Die Medien haben sich nach dem Ende des Zweiten Weltkriegs weitgehend darüber ausgeschwiegen - deutsche Medien, wie auch internationale. Der Krieg ist nun seit mehr als 60 Jahren Vergangenheit und erst vor zwei Jahren hat sich die Regierung der Opfer angenommen und geringe Entschädigungszahlungen angeboten.

Jetzt, da viele der ehemaligen Kriegsgefangenen nicht mehr leben. 500 Euro für deutsche Kriegsgefangene die 1947 und 1948 entlassen wurden, 1.000 Euro für 1949 und 1950 Entlassene und 1.500 Euro für

Heimkehrer, die 1951 entlassen wurden.[42] Ein paar hundert Euro für Jahre verlorener Jugend, verlorenen Lebens. Für Menschen, die gelernt haben weiter zu leben, weil sie es mussten. Und die schon viel früher dieses Geld gebraucht hätten, um sich einen zweiten Wohnsitz, ein zweites Leben aufbauen zu können. Erst nach und nach wird das einstige Tabu-Thema Deportation aufgearbeitet und der Öffentlichkeit zugänglich gemacht. Viel zu wenig war bisher darüber bekannt, viel zu schwierig war es an Informationen zu gelangen. Die meisten Zeitzeugen waren noch nicht bereit über ihr Schicksal zu berichten, die wenigsten Außenstehenden interessieren sich dafür. Es ist an der Zeit, die Tatsache zu ändern und diesen Teil der Vergangenheit nicht in Vergessenheit geraten zu lassen. Eine der wenigen, die sich dieser Aufgabe angenommen haben, ist die *Stiftung Erinnerung, Verantwortung und Zukunft,* die im Jahr 2000 gegründet wurde. Sie beauftragte Wissenschaftler mit der Arbeit der Dokumentation und Befragung von Zeitzeugen, die dabei sind ihre bisher 590 Befragungen auf der Website der Freien Universität Berlin zu veröffentlichen. Mittlerweile sind das fast 2000 Stunden Video- und Audiomaterial.[43]

Beschäftigt man sich eingehender mit der Verschleppung, insbesondere der der Jugendlichen und der eines Zeitzeugen, wird einem bewusst, dass dieses Kapitel der Vergangenheit unserer Geschichte noch nicht lange zurückliegt und doch schon fast vergessen wurde. Und das, obwohl sie durch die Überlebenden der Kriegsgefangenschaft bis heute präsent ist.

---

[42] Vgl. Klaus Peter Brähmig, Jochen-Konrad Fromme, Einmalzahlung für Heimkehrer-Ost ist ein guter Beitrag zur inneren Einheit Deutschlands. 2./3. Lesung des Heimkehrerstiftungsaufhebungsgesetzes im Deutschen Bundestag, URL: http://www.cducsu.de/Titel__Einmalzahlung_fuer_ Heimkehrer_Ost_ist_ ein guter_Beitrag_zur_inneren_Einheit_Deutschlands /TabID__6/SubTabID__7/ InhaltTypID__1/InhaltID__8007/Inhalte.aspx (Zugriff vom 23. Januar 2009)

[43] Vgl. Erinnerung sprich. Neue Internet-Seite zeigt Interviews mit ehemaligen Zwangsarbeitern, in: Sueddeutsche Zeitung, 23. Januar 2009, S. 11

Vielleicht können wir durch die Aufarbeitung der Vergangenheit und durch die Verbreitung in der Öffentlichkeit ein bisschen mehr Entschädigung leisten als alleine durch die Zahlungen der Regierung. Und vielleicht kann man so der Wiederholung oder der Weiterführung gleicher oder ähnlicher unmenschlicher Vergehen auf der Welt ein bisschen entgegenwirken.

4. Anhang:

Jahr	Anzahl der deutschen Kriegsgefangenen bei Jahresende
1945	1,448.654
1946	1,072.658
1947	835.449
1948	495.855
1949	83.266
1950	28.711
1951	27.894
1952	26.394
1953	15.424
1954	11.566
1955	2.414
1956	0

Tabelle 2: **Anzahl der deutschen Kriegsgefangenen in der Sowjetunion 1945 bis 1956**

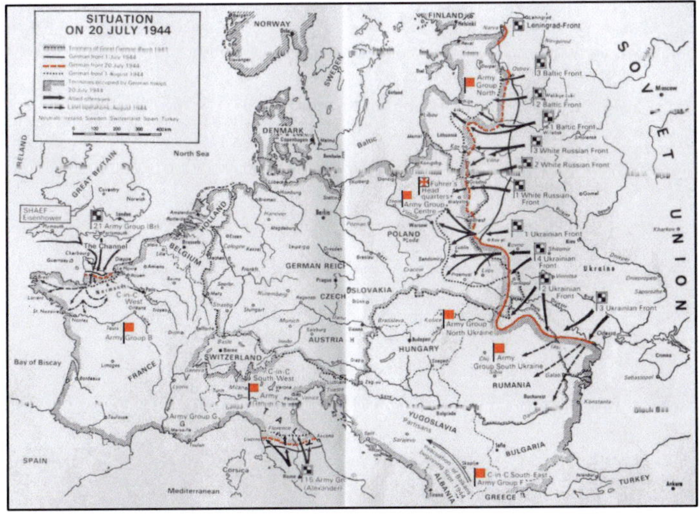

Abbildung 14: **Russischer und deutscher Frontverlauf im Juli 1944**

5. Literaturverzeichnis

Deckblatt:

- Jugendlicher: Gerhard Schirrmacher im Lager in Belorezk 1949, Privatfoto

Bücher:

- Hans Lemberg/K. Erik Franzen, Die Vertriebenen. Hitlers letzte Opfer, Berlin/München 2001, Propyläen Verlag
- Holger Stein, Wer fragt, der führt. Erfolgreiche und zielorientierte Führung durch Fragetechniken, 1. Auflage Berlin 2008, Verlag Cornelsen
- Bundesministerium für Vertriebene, Flüchtlinge und Kriegsgeschädigte (Hrsg.), Die Vertreibung der deutschen Bevölkerung aus den Gebieten östlich der Oder-Neiße , Band zwei, München 2003, Deutscher Taschenbuch Verlag GMBH
- Roy Gutman, Deportation, in: Roy Gutman/David Rieff (Hrsg.), Kriegsverbrechen, was jeder wissen sollte, München/Stuttgart, Deutsche Verlags-Anstalt GMBH, S.94, Originalausgabe: Crimes of War. What the Public Should Know, London 1999
- Stefan Kerner, Die Lagergruppe Stalingrad/Volgograd. Ein Überblick über das Lagersystem für ausländische Kriegsgefangene im Bereich Stalingrad/Volgograd, in: Günter Bischof/Rüdiger Overmans (Hrsg.), Kriegsgefangenschaft im Zweiten Weltkrieg. Eine Vergleichende Perspektive, Ternitz-Pottschach 1999, Gerhard Höller Verlag, S.339-368
- Valerij Vartanov, Kriegsgefangenschaft in der Sowjetunion, in: Günter Bischof/Stefan Karner/Barbara Stelzl.Marx (Hrsg.), Kriegsgefangene des Zweiten Weltkriegs, Gefangennahme-Lagerleben-Rückkehr, Wien 2005, Oldenbourg Verlag, S. 89-99

- Felix Schneider, „Russland verlässt mich nie“, Zeitzeugen berichten vom Alltag in sowjetischen Kriegsgefangenenlagern 1941 bis 1956, in: Günter Bischof/Stefan Karner/Barbara Stelzl.Marx (Hrsg.), Kriegsgefangene des Zweiten Weltkriegs, Gefangennahme-Lagerleben-Rückkehr, Wien 2005, Oldenbourg Verlag, S.123-151
- Karl-Dieter Bünting/Ramona Karatas, Deutsches Wörterbuch, Mit der neuen Rechtschreibung, Schweiz 1996, Isis Verlag AG
- Rolf Schörken, Jugend 1945. Politisches Denken und Lebensgeschichte, Frankfurt am Main 1994, Fischer Taschenbuch Verlag GMBH
- Werner Buxa, Wir Ostpreußen Zuhaus, Friedberg 1972, Podzun-Pallas-Verlag

Zeitungen:

- Erinnerung sprich. Neue Internet-Seite zeigt Interviews mit ehemaligen Zwangsarbeitern, in: Sueddeutsche Zeitung, 23. Januar 2009, S. 11

Internetseiten:

- Fabian Grossekemper, Der Verlauf des Zweiten Weltkriegs. Das Kriegsjahr 1944, URL: http://www.shoa.de/zweiter-weltkrieg/verlauf-und-zusammenhaenge.html (Zugriff vom 30. Dezember 2008)
- Meyers-Lexikon, Deportation, URL: http://lexikon.meyers.de/wissen/Deportation+%28Sachartikel%29 (Zugriff vom 03. Januar 2009)
- Klaus Peter Brähmig, Jochen-Konrad Fromme, Einmalzahlung für Heimkehrer-Ost ist ein guter Beitrag zur inneren Einheit Deutschlands. 2./3. Lesung des Heimkehrerstiftungsaufhebungsgesetzes im Deutschen Bundestag,URL: http://www.cducsu.de/Titel_Einmalzahlung_fuer_Heimkehrer_Ost_ist_ein_guter_Beitrag_zur_inneren_Einheit_Deutschlands/TabID__6/SubTabID__7/InhaltTypID__1/InhaltID__8007/Inhalte.aspx (Zugriff vom 23. Januar 2009)
- Stefan Karner (Hrsg.), Im Archipel GUPVI. Kriegsgefangenschaft und Internierung in der Sowjetunion 1941 – 1956, Oldenbourg Verlag, S. 205, http://books.google.de/, URL: http://books.google.de/books?id=_z6B1tZqTM8C&printsec=frontcover&dq=Archipel+GUPVI&lr=&as_brr=0&as_pt=ALLTYPES (Zugriff vom 10. Januar 2009)

Tabellen:

- Tabelle 1: Zusammengestellt aus Informationen, aus: Stefan Kerner, Die Lagergruppe Stalingrad/Volgograd. Ein Überblick über das Lagersystem für ausländische Kriegsgefangene im Bereich Stalingrad/Volgograd, in: Günter Bischof/Rüdiger Overmans (Hrsg.), Kriegsgefangenschaft im Zweiten Weltkrieg. Eine Vergleichende Perspektive, Ternitz-Pottschach 1999, Gerhard Höller Verlag, S.339-368
- Tabelle 2: Zusammengestellt aus Informationen, aus: Stefan Karner (Hrsg.), Im Archipel GUPVI. Kriegsgefangenschaft und Internierung in der Sowjetunion 1941 – 1956, Oldenbourg Verlag, S. 205, http://books.google.de/, URL: http://books.google.de/books?id=_z6B1tZqTM8C&printsec=frontcover&dq=Archipel+GUPVI&lr=&as_brr=0&as_pt=ALLTYPES (Zugriff vom 10. Januar 2009)

Abbildungen:

- Abbildung 1: (Zugriff vom 27. Januar 2009) http://www.flaggezeigen.de/catalog/product_info.php?produ cts_id=621
- Abbildung 2: (Zugriff vom 27. Januar 2009) http://www.z-g-v.de/doku/hintergrund/05_02 siedlungsgebiete.htm
- Abbildung 3: (Zugriff vom 27. Januar 2009) http://www.dhm.de/lemo/objekte/pict/pli03468/index.html
- Abbildung 4: (Zugriff vom 16. Januar 2009) http://www.deutscherosten.de/Russen.htm
- Abbildung 5: (Zugriff vom 16. Januar 2009) http://kriegsende.ard.de/pages_std_lib/0,3275,OID1084280, 00.html
- Abbildung 6: (Zugriff vom 16. Januar 2009) http://www.evpfalz.de/presse/index_kibo05-19_lp4.htm
- Abbildung 7: (Zugriff vom 16. Januar 2009) http://www.welt.de/politik/article2272278/Archipel-Gulag.html?nr=1&pbpnr=0
- Abbildung 8: (Zugriff vom 16. Januar 2009) http://www.historicmedia.de/Kriegsgefangene1%20Schicksa l.htm
- Abbildung 9: (Zugriff vom 16. Januar 2009) http://www.gedenkstaette-sandbostel.de/sowjets.htm
- Abbildung 10: Privatfoto von Gerhard Schirrmacher
- Abbildung 11: Privatfoto von Gerhard Schirrmacher
- Abbildung 12: Privatfoto von Thomas Schmidt
- Abbildung 13: Entlassungsschein von Gerhard Schirrmacher
- Abbildung 14: (Zugriff vom 27. Januar 2009) http://www.peterhofmann.de/290_id.htm